RÉPONSE

A LA TRUITE DU BREUCHIN.

1864

RÉPONSE

A LA TRUITE DU BREUCHIN.

Monsieur le Rédacteur,

A propos de l'essai historique en voie de publication dans votre journal, je vois, depuis quelques jours, aux vitrines des libraires de Vesoul, une brochure en couverture jaune et ornée d'une image qui représente des grenouilles jouant du cor de chasse. En supprimant la couverture et en ajoutant un paragraphe signé Sauzay, cette brochure ne ferait que répéter un article inséré dans les *Annales Comtoises* du 31 août 1864, et, pour en finir, si elle n'est en vente que depuis quelques jours, elle est colportée sous main depuis près de trois mois.

L'auteur, qui s'est fait graver en rabat et d'après nature, dans un coin de l'image, est une vieille truite assez savante pour lire les vieux papiers, quand elle a des lunettes. A en croire monsieur Sauzay, rédacteur des *Annales Comtoises*, elle est *très-spirituelle*, *très-savante* et *très-modeste*, absolument comme un lauréat de séminaire. Toutes ces qualités la rendent, comme vous le supposez déjà, une des lumières du parti *braillibus* dans notre arrondissement. Aussi ne vous étonnez pas du succès qu'obtient son œuvre quand elle est distribuée gratis à ceux du bord. C'est un éclat de bravos, un tonnerre d'applaudissements. Le peuple va être enfin éclairé et, grâce au talent de notre truite et aux grenouilles de Luxeuil, la France elle-même va revenir de la vente des biens nationaux, qui seront rendus à leurs légitimes possesseurs, avec tous les droits qui jadis y étaient attachés.

Ne vous étonnez pas.

Comme vous allez voir, la brochure est faite pour ranimer de telles espérances.

L'auteur prenant à part'e messieurs Malte-Brun, Michelet et quelqu'un qu'il ne nomme pas, prétend, contre l'opinion de tout le monde, que jamais les moines de Luxeuil n'ont fait battre l'eau des étangs pour empêcher les grenouilles de crier *dans les nuits d'été*.

Laissons messieurs Malte-Brun et Michelet se défendre eux-mêmes, et contentons-nous d'exposer les motifs sur lesquels s'appuie la personne qui n'est pas nommée pour soutenir la même chose que ces messieurs.

Commençons d'abord par indiquer ceux de la truite en lunettes.

Les principaux sont au nombre de cinq.

Les voici :

1° — Les moines de Luxeuil n'ont jamais pu faire battre l'eau des étangs, parce qu'ils étaient trop saints ; et ils étaient trop saints, parce que, la nuit comme le jour, ils chantaient le *laus perennis* sans discontinuer, à pleins poumons, et braillant six fois plus fort qu'on ne le fait aujourd'hui ;

2° — Avant la dérivation du Breuchin, faite par Fromond de Corcondray, au quatorzième siècle, il n'existait pas une goutte d'eau autour de l'abbaye. Ce fut cet abbé qui, sentant le besoin d'un moulin banal à l'usage de ses sujets, fit faire cette dérivation ; et, en avant du moulin élevé à cette occasion, il fit, pour plus de facilité, creuser une tête d'eau de *cent cinquante mètres de tour*. Au reste, l'emplacement de cette tête d'eau avait été occupé jadis par un faubourg détruit dans les guerres et par des champs cultivés ;

3° — A cette époque, il était déjà trop tard pour faire battre l'eau des étangs, les habitants de Luxeuil avaient leur franchise ;

4° Il existe des paperasses à propos de puits et de fontaines ; il n'en existe pas à propos d'étangs : donc il n'y avait pas d'étangs ;

5° — Le texte (1) cité par messieurs Malte-Brun et Michelet est faux, et l'auteur de ce texte n'est qu'un misérable crapaud.

Après l'avoir lu et relu, voilà tout ce que nous avons pu démêler dans l'article *des Annales Comtoises,* répété dans la brochure qui a la couverture en plus et le paragraphe Sauzay en moins. Le style embrouillé et prétentieux dans lequel il est écrit le rend obscur et difficile à lire ; la truite prend elle-même à tâche d'égarer son lecteur et de le mener hors de son sujet ; elle mêle tout : les cantonniers gardes-pêche avec l'académie de Frotey, dom Quichotte avec Fromond de Corcondray, le cardinal de Grandvelle avec les barbeaux de la Lanterne.

Et tout cela pour avoir de l'esprit.

Elle a réussi ; et, si ce que l'on rapporte est vrai, ce sont toutes ces belles choses qui ont emporté l'admiration des *braillibus*. Comme ces messieurs, pour la plupart, ne vont jamais plus loin que Besançon, il est rare, en effet, qu'ils voient un tireur de savate aussi habile que celui auquel nous sommes obligé de faire face. Mais, comme la forme ne fait rien au fond, nous laisserons de côté les insultes et la morgue de la très-modeste truite, pour ne nous occuper que des objections proposées.

Elles sont plus spécieuses que réelles.

Commençons par la sainteté.

Les moines de Luxeuil, comme ceux de tous les couvents, furent saints à leur origine ; ils pratiquaient l'*adoration perpétuelle*, nous ne l'avons jamais nié. Malheureusement, saint Colomban, saint Valbert, n'ont pas vécu toujours, et, grâce au progrès du temps, leurs successeurs, tout en étant très-spirituels, très-savants et très-modestes, absolument comme la truite en lunettes, furent loin d'arriver au même degré de perfection chrétienne.

Du moins l'église ne les a pas tous canonisés.

Un autre fléau joint au progrès du temps vint fondre sur l'abbaye. Les Sarrasins, sourds aux accords du *laus perennis*, la détruisirent de fond en comble. Elle fut rebâtie par Pepin ; et ce fut alors seulement

---

(1) Pa renottes oa
Car veci monsiea
L'abbé de Luxeu
Que Dieu ga

que les moines permirent à quelques pauvres gens de venir s'établir autour d'eux.

Quant au *laus perennis*, il était perdu pour jamais : les Sarrasins l'emportèrent je ne sais où, avec le reste du butin qu'ils avaient fait.

Dom Guillo, moine de Luxeuil, qui écrivait au siècle dernier, ne laisse aucun doute à ce sujet. Voici les propres paroles de ce savant bénédictin : « et, dès lors, » dit-il, « cette pieuse pratique *(le laus perennis)* ne put jamais se rétablir. »

Il résulte de tout ceci que les premières maisons de la ville ne s'élevèrent point aux accords mélodieux de cette hymne sacrée, chantée par soixante choristes, et que jamais une seule note du perpétuel cantique ne vint frapper les oreilles des habitants du pays.

Aussi, nous avons peine à comprendre l'impudence de la modeste truite. Elle mêle ce chant sacré à tout ce qu'elle écrit de Luxeuil, et sait cependant, tout aussi bien que nous, qu'il n'a jamais été pour rien dans l'histoire des habitants du pays, et que jamais, par conséquent, il n'a pu les soulager dans leurs travaux de nuit, en couvrant, à lui seul et sans le secours de personne, le bruit qui s'élevait du bord des étangs. Remarquez que, du huitième siècle, où cessa le *laus perennis*, jusqu'au treizième siècle, où arriva la franchise, les habitants de la terre eurent assez de nuits pour se livrer à l'exercice de la gaule aux étangs.

Nous allions oublier les matines chantées à deux heures du matin.

Elles furent établies à Luxeuil longtemps après la cessation du *laus perennis* ; la truite en convient elle-même ; mais comme sa très-grande modestie l'empêche de montrer sa très-grande science, elle ne précise pas l'époque. Toutefois nous croyons pouvoir assurer qu'elles ne furent établies qu'au dix-septième siècle, quand Jérôme Coquelin introduisit la réforme de saint Vanne à Luxeuil. A cette époque, on ne battait plus l'eau la nuit, et les matines n'ont pas plus à faire dans les étangs que le très-saint *laus perennis*.

Passons à la dérivation.

Où la truite a-t-elle vu que nous ayons jamais nié que cette dérivation ait été faite par Fromond de Corcondray ? Si la truite avait attendu la fin de notre publication pour écrire son article, elle aurait vu que nous donnons à cette abbé bigot toute la gloire qu'il mérite.

Nous avons avoué la dérivation et nous l'avouons encore.

Seulement, ce que nous nions de toutes nos forces, et ce que la très-savante truite ne parviendra jamais à prouver, c'est qu'avant la dérivation du Breuchin il ait jamais existé une goutte d'eau autour de l'abbaye.

Voici les motifs du démenti que nous lui donnons à ce sujet.

Commençons par le plus simple :

Avant de s'appeler la *Poche*, l'emplacement où Fromond de Corcondray établit son étang s'appelait la *Bure*, et la truite, qui sait son du Cange tout aussi bien que nous, n'ignore pas que ce mot vient du bas latin *bura*, et signifie lavoir, lieu où l'on lave la lessive.

Donc il y avait de l'eau.

Et si la truite avait mis le nez hors de sa dérivation, elle aurait vu que ce lavoir était établi sur le ruisseau de la *Miredondaine*, qui amenait en ville le trop plein de l'étang Saint-Valbert et les fontaines du Banney, assez abondantes pour donner, même en temps de sécheresse, deux à trois cents mètres cubes d'eau par jour.

Qu'on regarde la pente du terrain, ces eaux n'ont jamais pu passer ailleurs; ou bien il aurait fallu, pour cela, que saint Colomban et ses disciples les fissent remonter vers leurs sources.

Nous avons lu au moins le récit de six cents miracles faits par ces grands saints; mais nous n'avons jamais vu celui-ci qu'au Jourdain.

La truite a-t-elle été plus heureuse?

Si le ruisseau de la Miredondaine, accru des eaux du Banney, n'était pas assez fort pour faire tourner un moulin, il suffisait pour alimenter un étang.

Et l'étang qu'il alimentait n'était pas celui de la *Poche* ou de la *Bure*.

Il se trouvait six cents mètres plus bas, non au levant mais au couchant des bâtiments dont se composait l'abbaye.

Il s'appelait tout simplement l'*Étang*; et, lors de la création de celui de la Poche, on l'appela le *Vieil-Étang*, pour le distinguer du nouveau. Avec toute sa science, la truite ne pourrait donner une autre raison de l'épithète.

Il était magnifique et occupait une superficie d'au moins vingt ou trente hectares, depuis le moulin de la Croix, bâti sur un reste de chaussée, jusqu'à l'emplacement occupé par la rue des *Canes*.

Autre nom qui, au besoin, prouverait la vérité de ce que nous avançons.

Il venait, pour ainsi dire, jusqu'à la porte des moines; et c'est sur cet étang que, du huitième au treizième siècle, nos aïeux eurent tout le temps de pratiquer l'exercice de la gaule aux grenouilles.

Mais nous n'en avons pas encore fini ni avec les étangs ni avec les erreurs de la truite anonyme.

Il est faux que l'étang de la Poche ait été creusé et qu'il n'ait eu que cent cinquante mètres de tour; il n'était guère moins grand que le vieil étang et occupait le milieu de la vallée naturelle qui commence à la route de Fougerolles et se termine au moulin de la Croix. Le vieil étang et l'étang Saint-Valbert étaient aux deux extrémités. Pour les former, il avait suffi d'élever de fortes chaussées. Quant à celui de la Poche, dom Guillo dit qu'il était d'un grand revenu, ce qui serait absurde, s'il n'avait eu que cent cinquante mètres de tour. Au reste, la chaussée et la disposition des lieux sont encore là pour appuyer le texte de dom Guillo.

La pêche de ces trois étangs et celle de bien d'autres appartenait en propre à l'abbaye: ceux que les saints se contentaient de dîmer étaient ceux qui, quoique situés dans les limites de leur seigneurie, ne leur appartenaient pas. Quant au poisson qui vivait librement dans les rivières, il appartint exclusivement à l'abbaye jusqu'au treizième siècle. A cette époque, les religieux n'ayant pas les chemins de fer pour expédier au loin, ni l'estomac assez vaste pour tout engloutir, permirent seulement aux bourgeois et non aux autres habitants de la terre d'en prendre chacun ce qu'il pourrait manger dans un repas de famille et non pas ce qu'il pourrait attraper. Il leur était défendu d'en vendre; la justice était sévère à Luxeuil, et chacun sait qu'au moyen-âge un délit de chasse ou de pêche pouvait mener le coupable jusque sur les galères du roi.

Au reste, tous ces étangs furent desséchés peu avant la révolution. Leur pêche, en amenant la vase au soleil, faisait répandre des miasmes et, par suite, des fièvres contagieuses que l'écuelle de saint Valbert ne guérissait pas toujours. Les échevins firent un traité avec le seigneur abbé qui, moyennant une somme considérable, consentit à ne plus retenir un si grand amas d'eau autour de ses sujets.

Maintenant, passons au faubourg détruit dans les guerres de Hugues de Montjustin.

L'emplacement de la *Bure* où le met notre très-savante truite a été toujours trop marécageux pour supporter des constructions. Le fond en est tourbeux; et, aujourd'hui encore, malgré les rigoles d'assainissement, malgré les terres qu'on y rapporte tous les jours, le sol est encore plein d'eau, il crie sous les pieds, et, à la moindre pression, l'eau en sort comme d'une éponge mouillée; il ne produit guère que des laiches et des joncs au milieu desquels vivent encore les filles des *renottes* du temps passé.

Ce qui a trompé la truite, ce sont les cendres et les plâtras qu'on y jette encore tous les jours. Vous savez, monsieur le rédacteur, que ce sont les amendements choisis de préférence pour les prés humides et marécageux : on les jette sur le sol au lieu de les enfouir. La truite, qui est très savante et qui a entendu parler d'Herculanum et de Pompeï, a cru que le faubourg détruit, indiqué par les plâtras, se cachait sous ces cendres.

Malheureusement, il n'en est rien.

D'abord, l'ancien nom de *Bure* jure contre cette opinion ;

Ensuite, elle aura beau fouiller le sol, elle n'y trouvera jamais d'autres débris de construction que ceux que nous venons d'indiquer ;

Et puis, ce qu'elle ne pourra jamais démentir, c'est que dom Guillo et dom Grappin s'accordent tous deux à placer ce faubourg non au levant, où est la *Bure*, mais au midi de la ville, à peu près dans l'emplacement qu'occupe aujourd'hui le faubourg du Chêne.

Que la truite très-spirituelle, très-savante et très-modeste, s'en tire comme elle pourra avec ces deux bénédictins !

Nous laissons les savants se disputer avec les savants.

Maintenant passons aux franchises.

Nous n'en dirons que peu de choses, parce que nous devons nous en occuper dans la suite de notre récit, et nous ne voulons pas faire lire deux fois la même chose à vos lecteurs. Nous nous contenterons de citer cette phrase du savant dom Guillo : « et elle est d'autant plus « grande la grâce (celle que la charte de franchise accordait) que l'abbé « et les religieux eussent pu retenir les bourgeois de Luxeuil dans une « servitude perpétuelle, telle que celle où sont les habitants de la terre « de sa seigneurie (1). »

---

(1) Voici un titre qui vient à l'appui de la phrase de dom Guillo :

Comme ayant charge d'illustre et révérend seigneur Messire Jean-Baptiste-Joseph de Bauffremont, abbé commendataire des abbayes Saint-Paul et de Luxeuil, chanoine dans l'insigne chapitre de la métropolitaine, etc., donnons pouvoir à Catherine Gunot, de Brotte, subdite origineelle mainmortable dudit

Cette phrase et le texte cité en bas prouvent une chose, c'est que, après l'acte d'affranchissement des habitants de Luxeuil, les moines avaient encore des sujets auxquels on pouvait tout imposer, même l'exercice de la gaule aux grenouilles ; et l'abbaye noyait ; elle avait autour d'elle trois étangs superposés dans la vallée naturelle que nous avons décrite.

La truite elle-même, non dans sa brochure mais dans son guide, avoue que ce droit a existé quelque part. Et l'abbé de Luxeuil ne l'aurait pas eu ! Lui, grand seigneur, lui, souverain, n'aurait pas rougi de ne pouvoir faire battre l'eau d'un misérable étang, tandis que le moindre gentilhomme du voisinage pouvait en faire autant ! Les derniers *malheureux* qui aient existé en France appartenaient à l'abbaye de Luxeuil et à celle de Saint-Claude ; et on veut nous persuader qu'il n'y a jamais eu d'oppression religieuse !

La truite, qui ne sait plus qu'inventer, prétend alors que les moines, étant bons musiciens, se délectaient le soir au concert des grenouilles, dont elle-même est charmée *dans les belles nuits d'été*. Il est possible que les coassements aient du charme pour les espèces aquatiques ; mais, comme les différents animaux sont affectés différemment par les mêmes sons, les religieux ont bien pu ressentir aux coassements des grenouilles une toute autre impression que celle éprouvée par la truite. Elle devrait du moins penser que les moines n'avaient pas, comme elle, des oreilles de bête, mais des oreilles d'hommes beaucoup plus sensibles et plus délicates, vu leur goût pour la musique.

Maintenant, nous avons à nous occuper des paperasses concernant les puits et les fontaines, paperasses où la truite a mis son triomphe. Nous avons lu ces respectables paperasses peut-être longtemps avant la truite, et tout ce que nous avons pu y voir, c'est qu'on n'y voyait rien du tout.

---

seigneur d'aller résider avec George Bresson son mari hors de sa terre et seigneurie de Luxeuil, sans pouvoir encourir la *commise de ses biens*, moyennant deux pistoles qu'elle délivrera au sieur Bruille admodiateur dudit seigneur.

Fait à Besançon. Faveri.

Puis vient la quittance :

J'ai reçu de ladite Guuot deux pistoles pour acquit.

A Luxeuil du 19e d'octobre 1678. De Bruille.

(Communiqué par M. Bresson, ancien maire de Bouhans-les-Lure

Ne croyez pas pour cela que nous ayons de mauvais yeux. Remarquez, au contraire, que la très-modeste truite n'a fait que les mentionner au lieu de les citer, parce que ces paperasses ne lui revélaient pas plus de secrets qu'à nous. Elle voit elle-même la faiblesse des preuves qu'elle en tire; elle se met à faire du bruit et à taper l'eau avec sa queue pour étourdir son lecteur et lui faire croire qu'on peut bâtir un faubourg, faucher des prés et moissonner des champs dans un étang de cent cinquante mètres de tour. Pour le convaincre, elle court en Espagne chercher une relique du cardinal de Grandvelle. Comme la relique qu'elle rapporte est en dehors de la question, personne ne veut la baiser. Alors elle se met en kolbac et en épaulettes et amène une armée qu'elle range en bataille sur la chaussée de *son petit étang ;* grâce à ses talents stratégiques, la chaussée de cet étang de cent cinquante mètres de tour se trouve assez vaste (qui l'eût cru!) pour qu'une armée capable d'envahir les Pays-Bas puisse y manœuvrer à l'aise. La truite commande elle-même l'exercice; par malheur, ses lunettes tombent dans la mêlée; elle n'y voit plus; elle lance des des bombes sur la maison d'un bon curé et mène captifs au violon deux *méchants polissons* qui l'ont appelé *colonel* (1).

Pitié pour tout cela! Nous sommes dans la saison du frai, et notre intéressant poisson a pu avoir le cerveau dérangé par la crise animale où sont tous ceux de son espèce. Du moins, nous ne connaissons que cela qui puisse excuser convenablement les écarts de raison d'une truite que monsieur Sauzay nous donne comme très-spirituelle, très-savante et très-modeste.

Nous arrivons au texte cité par messieurs Malte-Brun et Michelet.

Notre tâche devient plus facile si le lecteur a pris garde à tout ce que nous venons de dire.

Examinons d'abord sur quels motifs s'appuie la truite pour nier l'authenticité de ce texte.

Le premier est que son auteur n'est qu'un *misérable* crapaud;

Le second est que le texte est récent.

Cela peut être.

Mais pourquoi ne pas nous montrer le crapaud?

---

(1) Voir, pour ces deux derniers faits, l'histoire de la truite du Breuchin publiée par un barbeau de la Lanterne.

Si le texte est récent, pourquoi la truite ne peut-elle en découvrir l'auteur?

Elle devait, du moins, nous montrer quelques dissonances entre le texte actuel et la langue qu'on parlait à Luxeuil au treizième siècle.

C'est ce qu'elle n'a pas fait et ce qu'il lui est impossible de faire.

Prétendra-t-elle que si le texte est ancien, la pensée est nouvelle?

Vraiment! un révolutionnaire furieux et calomniateur des moines se serait contenté de si peu de chose! Il n'aurait pas mêlé à son texte quelques-unes des idées de son temps, et son patois n'aurait pas été un écho plus ou moins rapproché du *Ça ira* ou de quelque autre chanson chère aux sans-culottes!

Si le texte est de messieurs Malte-Brun et Michelet, comme elle tend à l'insinuer, pourquoi ne pas citer le nom des villages où ces messieurs sont venus apprendre le patois du pays.

S'il en a jamais eu, les professeurs de monsieur Michelet vivent encore et seraient faciles à trouver.

Que la truite les amène comme preuve de son assertion!

Donnons maintenant les preuves qui nous font croire à l'authenticité du texte.

D'abord, il a été fait par quelqu'un;

Ce quelqu'un-là était de Luxeuil ou d'ailleurs;

S'il était d'ailleurs, pourquoi l'auteur a-t-il pris Luxeuil pour sujet plutôt que toute autre abbaye voisine de son pays?

Et s'il était de Luxeuil, ça été tout le monde; sans cela, tout le monde aurait démenti le texte.

Mais loin de là, tous les habitants du pays ont accepté le texte comme conforme à la vérité traditionnelle.

Monsieur l'abbé Clerc, lui-même, auteur de tant d'ouvrages célèbres sur Luxeuil, où la foi la plus sincère s'unit au style le plus pur, ne l'a jamais démenti. Et cependant, il est aussi savant et tient autant que la truite à la gloire des saints.

Second motif.

C'est que ce texte ressemble à une foule d'autres textes qui ont cours dans la province, et dont les uns rappellent le fanatisme des guerres de religion, et les autres, autre chose.

La truite osera-t-elle dire que tous ces textes ne sont pas authentiques, parce que, jusqu'ici, ils n'ont pas été imprimés?

Troisième preuve.

C'est qu'il est d'accord avec la disposition actuelle du terrain.

Parcourez le territoire de Luxeuil en général, et en particulier celui de la vallée qui s'étend de la route de Fougerolles au moulin actuel de la Croix, vous verrez les chaussées qui vous crieront plus fort encore que le texte, que les moines ont fait battre l'eau des étangs.

Ainsi, pour nous, le texte est authentique :

Parce qu'il a été fait à Luxeuil ;

Parce qu'il est dans le même style que beaucoup d'autres ;

Parce qu'il est d'accord avec la disposition et la situation actuelle du terrain.

Maintenant, qu'il nous soit permis de passer à quelques autres considérations.

Nos pères ne savaient ni lire, ni écrire, et *encore moins imprimer*; les moines de Luxeuil, qui firent tant pour instruire les *évêques* et les *grands du monde,* ne firent rien, dans les temps reculés, pour l'instruction des serfs de leurs domaines. Par conséquent, force était aux pauvres gens de parler comme ils savaient. D'après la loi civile et féodale que la religion elle-même avait consacrée et dont elle usait, ils étaient non-seulement bêtes dans toute l'acception du mot, mais plus malheureux encore que des bêtes, parce qu'ils avaient plus d'intelligence. Non-seulement ils se vendaient et s'achetaient avec la terre à laquelle ils étaient attachés, mais encore ils étaient astreints à des services mille fois plus cruels que ceux exigés des bêtes. Les seigneurs avaient tout pouvoir. Celui-ci pouvait exiger du fils la main coupée de son père mort trop pauvre pour laisser quelque chose à son maître; celui-là, revenant de la chasse, avait droit de chauffer ses pieds nus dans les boyaux fumants d'un paysan serf éventré tout frais pour cela; cet autre s'amusait à tirer sur les couvreurs au haut des toits. Ainsi, l'exercice de la gaule au vieil étang était la moindre chose que pussent exiger de leurs serfs les abbés de Luxeuil, tels que l'abbé Hubert et autres saints de la même espèce.

Nos pères, quoique réduits à rien par leurs oppresseurs, n'en étaient pas moins hommes d'après la loi naturelle; la verge et l'esclavage avaient beau les priver de tous droits humains, ils ne leur enlevaient pas le droit des soupirs. En dépit de leurs oppresseurs laïques ou religieux, la pensée de l'âme humaine n'en vibrait pas moins dans leur cœur. Quelques-unes de ces vibrations sont venues jusqu'à nous. Tel est ce texte simple, naïf et sans fiel que nous ont laissé les habitants de Luxeuil. Respectons-le comme le seul monument qui nous reste de cinq siècles d'oppression ; n'oublions pas que nous sommes les fils de nos pères ; n'allons pas nous mettre dans les rangs de leurs oppresseurs laïques ou religieux, et laissons à la truite la gloire de les mettre en caricature.

Pour en finir, nous lui dirons qu'elle n'a rien avancé qui ne soit un mensonge.

Elle a menti à propos du *laus perennis* et des matines, puisque le *laus perennis* ne se chantait plus lorsque la ville s'est construite, et que les matines n'ont été instituées que quand la mode des étangs a été passée.

Elle a menti en disant qu'avant la dérivation du Breuchin il n'avait jamais existé une goutte d'eau autour de l'abbaye, puisque les eaux de la Miredondaine et du Banney y arrivent encore aujourd'hui indépendamment de la dérivation.

Elle a menti à propos du faubourg détruit, puisque dom Guillo et dom Grappin le mettent au midi et non au levant, où se trouve *la Bure*.

Elle a menti en disant qu'à dater de l'acte d'affranchissement donné aux habitants de Luxeuil, il était trop tard pour faire battre l'eau des étangs, puisque, malgré cet acte, le reste des habitants de la terre était aussi bien dans l'esclavage qu'auparavant.

Elle a menti en parlant des paperasses à propos de puits et de fontaines, puisqu'elle-même ne sait qu'en faire et qu'elle se perd je ne sais où, au lieu de les citer.

Elle a menti en niant l'authenticité du texte, puisqu'elle même n'en peut trouver l'auteur et qu'il est conforme à la disposition des lieux.

Maintenant, monsieur le rédacteur, il ne me reste plus qu'à vous demander pardon de la longueur de cette lettre. Ce n'est pas tous les jours qu'il arrive de rencontrer des animaux très-spirituels, très-savants et très modestes, comme celui dont nous venons de nous occuper. Avec de pareils agresseurs il faut être long. Dieu veuille seulement que notre truite soit convertie et, qu'oubliant les soldats égyptiens qu'elle a trouvés dans des pots, elle cesse de nous prêcher la résurrection des couvents ! Oserions-nous l'espérer ? Malgré l'identité des deux premières lettres de son nom, elle avoue elle-même qu'elle ne vient pas d'un la Trémouille. Peut-être, abandonnant toutes les vieilles idées, finira-t-elle par se rattacher à celle qui a donné à son père tous les droits politiques dont il jouit avec toute sa famille. Il ne faut pas se désespérer. On voit beaucoup d'enfants ne se développer que lentement. Ainsi, Thomas Diafoirus était tardif; malgré cela, Thomas Diafoirus devint docteur tout aussi bien qu'un autre. La truite sera peut-être plus tardive encore! Il faut bien des siècles pour que l'esprit des bêtes se développe dans les animaux même que monsieur Sauzay, des *Annales Comtoises*, donne comme très-savants, très-spirituels et très-modestes. Au reste, il nous reste encore des documents qui peuvent hâter la conversion de notre truite: nous verrons s'il faut les lui servir.

Veuillez agréer, monsieur le rédacteur, les respects de votre serviteur très-humble,

ECREMENT.

Bouhans-les-Lure, 29 novembre 1864.

Nous recevons de Monsieur l'abbé CLERC, de Luxeuil, une lettre que nous nous faisons un devoir de reproduire.

MONSIEUR LE RÉDACTEUR,

On vient de me communiquer une feuille de votre journal où, après m'avoir donné des éloges que je ne mérite pas, on paraît s'appuyer de mon nom pour soutenir des opinions qui me paraissent complètement erronées. Je regrette qu'on ait parlé de moi à ce propos et, faisant appel à votre loyauté, je vous prie de vouloir bien insérer ma lettre dans votre plus prochain numéro, comme une protestation.

Veuillez agréer, Monsieur, etc.

L'abbé CLERC,
Professeur à Luxeuil.

61

Lure, typ. Bettend.

www.ingramcontent.com/pod-product-compliance
Ingram Content Group UK Ltd.
Pitfield, Milton Keynes, MK11 3LW, UK
UKHW032040260826
14628UKWH00007B/3097

9 782016 123980